Impressum
Verlag: BABADADA GmbH, Nedderfeld 112 , 22529 Hamburg
Geschäftsführer / Verlagsleitung: Harald Hof
Druck: Books on Demand GmbH, In de Tarpen 42, 22848 Norderstedt

Imprint
Publisher: BABADADA GmbH, Nedderfeld 112 , 22529 Hamburg, Germany
Managing Director / Publishing direction: Harald Hof
Print: Books on Demand GmbH, In de Tarpen 42, 22848 Norderstedt

la escuela

colegio

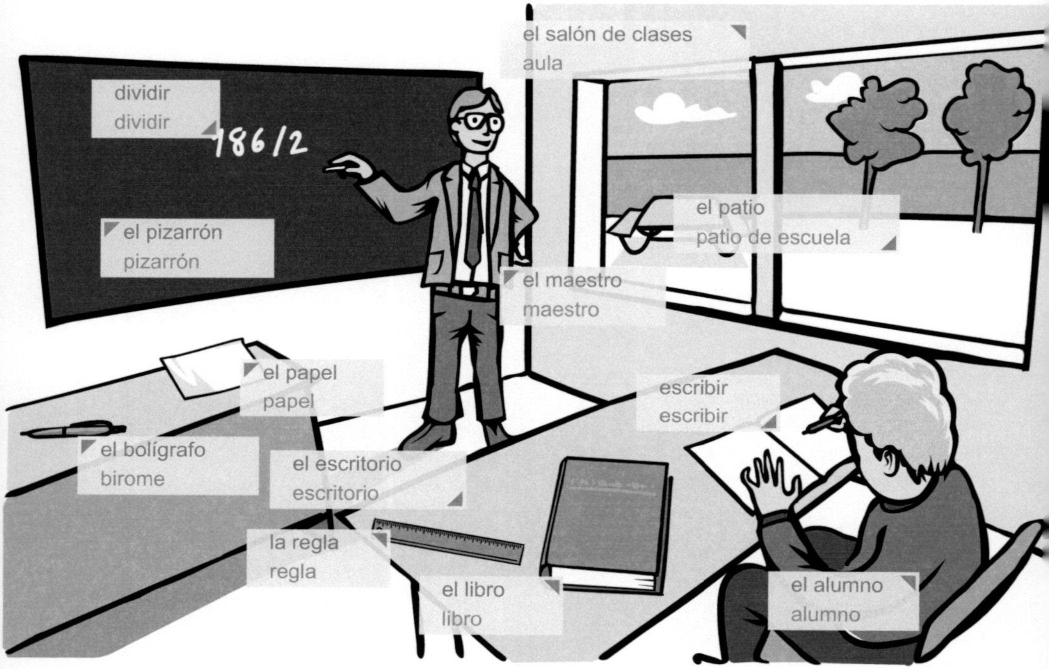

el salón de clases
aula
dividir
dividir
186/2
el pizarrón
pizarrón
el patio
patio de escuela
el maestro
maestro
el papel
papel
escribir
escribir
el bolígrafo
birome
el escritorio
escritorio
la regla
regla
el libro
libro
el alumno
alumno

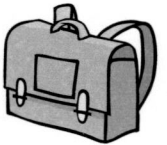

la mochila

mochila

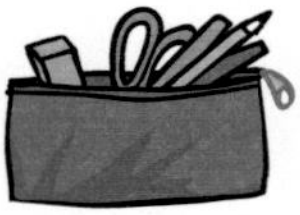

la caja de lápices

caja de lápices

el lápiz

lápiz

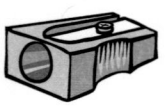

el sacapuntas

sacapuntas

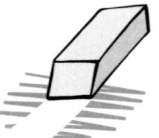

la goma de borrar

goma (de borrar)

el bloc de dibujo

bloc de dibujo

el dibujo

dibujo

el pincel

pincel

la caja de lápices de color

caja de pinturas

las tijeras

tijera

el pegamento

pegamento

el libro de ejercicios

cuaderno de ejercicios

la tarea

tarea

el número

número

2+2

sumar

sumar

5-2

restar

restar

2×2

multiplicar

multiplicar

calcular

calcular

A

la letra

letra

ABCDEFG HIJKLMN OPQRSTU VWXYZ

el alfabeto

abecedario

hello

la palabra

palabra

el texto

texto

leer

leer

la tiza

tiza

la lección

lección

el cuaderno de clase

cuaderno de clase

el examen

examen

el certificado

certificado

el uniforme

uniforme escolar

la educación

educación

la enciclopedia

enciclopedia

la universidad

universidad

el microscopio

microscopio

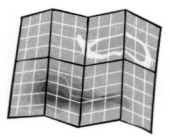

el mapa

mapa

el bote de basura

tacho (de basura)

el viaje
viaje

el hotel
hotel
Grand
el hostel
hostel
ROOMS
EXCHANGE
la casa de cambio
casa de cambio
la maleta
valija
el carro
auto

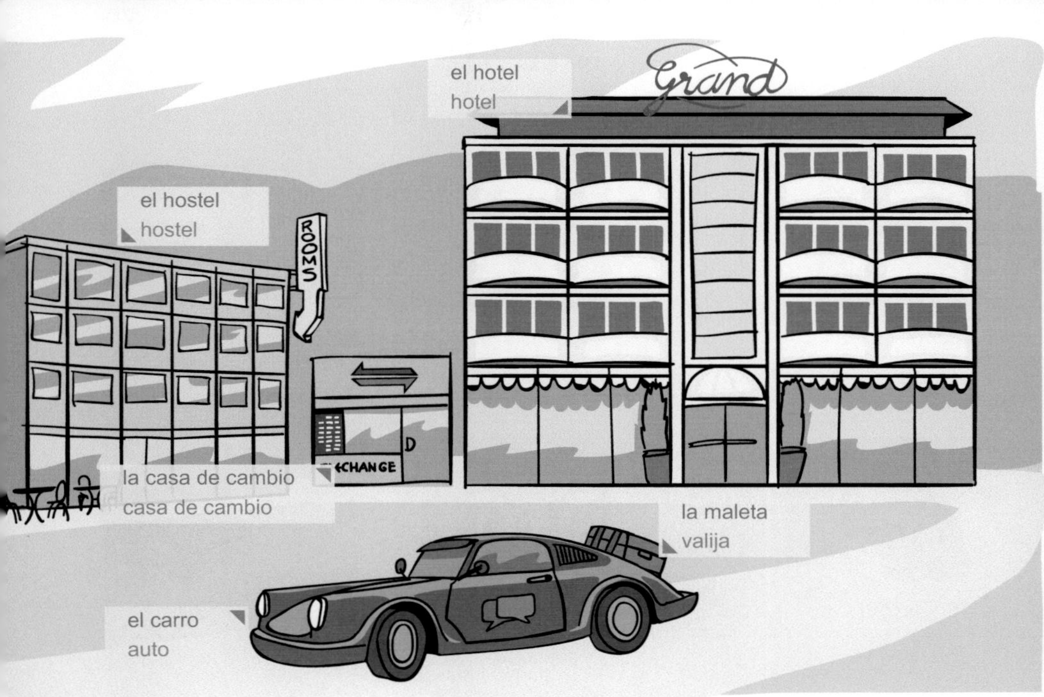

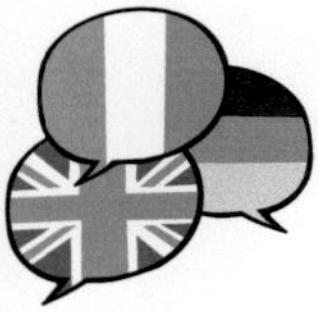

el idioma

idioma

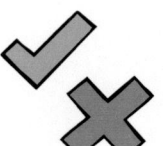

sí / no

sí / no

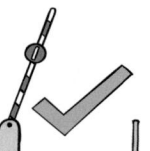

Órale

Está bien

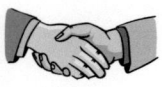

hola

hola

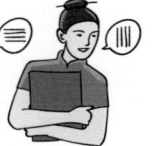

el traductor

traductor

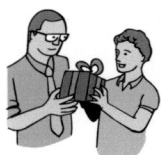

Gracias

Gracias

¿cuánto cuesta…?

¿cuánto cuesta…?

No entiendo

No entiendo

el problema

problema

¡Buenas tardes!

¡Buenas tardes!

¡Buenos días!

¡Buenos días!

¡Buenas noches!

¡Buenas noches!

adiós

adiós

la dirección

dirección

el equipaje

equipaje

la bolsa

bolso

la mochila

mochila

el invitado

invitado

la recámara

habitación

la bolsa de dormir

bolsa de dormir

la tienda de campaña

carpa

la información turística

información turística

la playa

playa

la tarjeta de crédito

tarjeta de crédito

el desayuno

desayuno

el almuerzo

almuerzo

la cena

cena

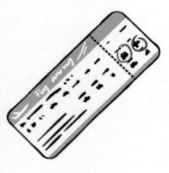

el billete

pasaje

el ascensor

ascensor

el sello

sello

la frontera

frontera

la aduana

aduana

la embajada

embajada

la visa

visa

el pasaporte

pasaporte

el transporte
transporte

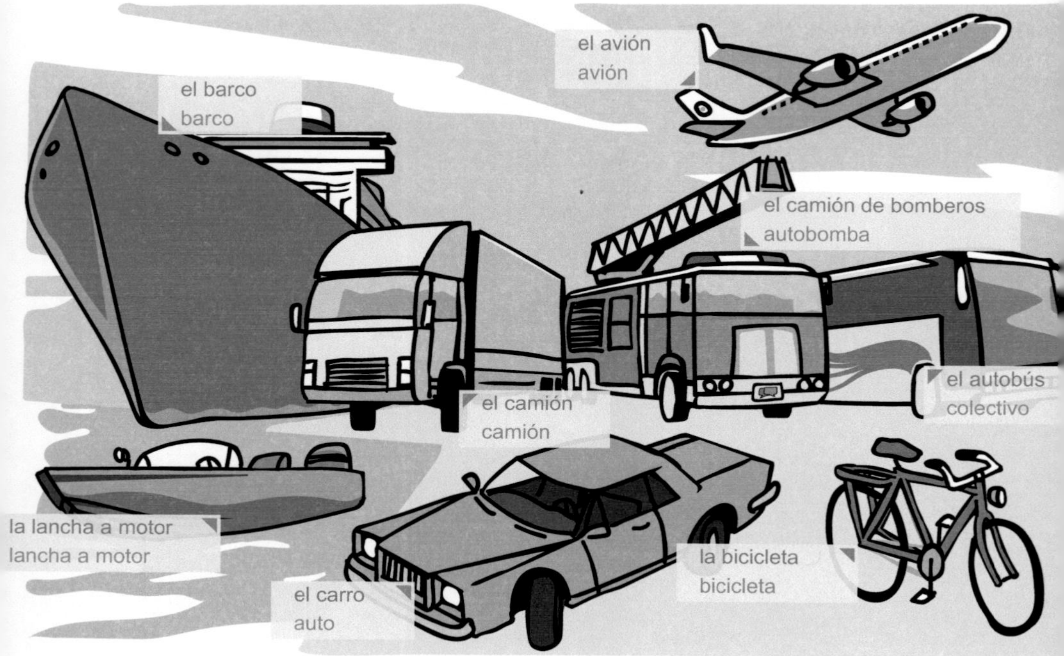

el avión
avión
el barco
barco
el camión de bomberos
autobomba
el autobús
colectivo
el camión
camión
la lancha a motor
lancha a motor
la bicicleta
bicicleta
el carro
auto

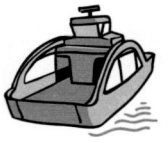

el ferry
ferry

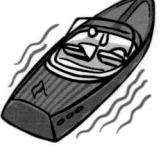

el bote
bote

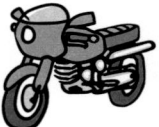

la motocicleta
moto

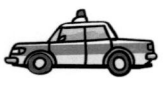

la patrulla
patrullero

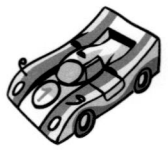

el coche de carreras
auto de carreras

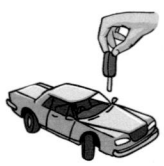

el auto para rentar
auto de alquiler

la renta de autos

alquiler de autos

la grúa

grúa

el camión recolector de
basura

camión de basura

el motor

motor

la gasolina

nafta

la gasolinera

estación de servicio

la señal de tráfico

señal de tránsito

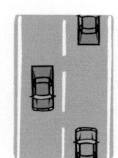

el tránsito

tránsito

el embotellamiento

embotellamiento

el aparcamiento

estacionamiento

la estación de tren

estación de tren

las vías

vías

el tren

tren

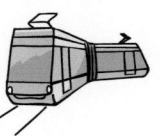

el tranvía

tranvía

el vagón

vagón

el helicóptero

helicóptero

el aeropuerto

aeropuerto

la torre

torre

el pasajero

pasajero

el contenedor

contenedor

la caja de cartón

caja de cartón

la carretilla

carretilla

la cesta

canasta

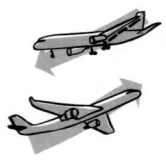

despegar / aterrizar

despegar / aterrizar

la ciudad
ciudad

el pueblo

pueblo

el centro de la ciudad

centro de ciudad

la casa

casa

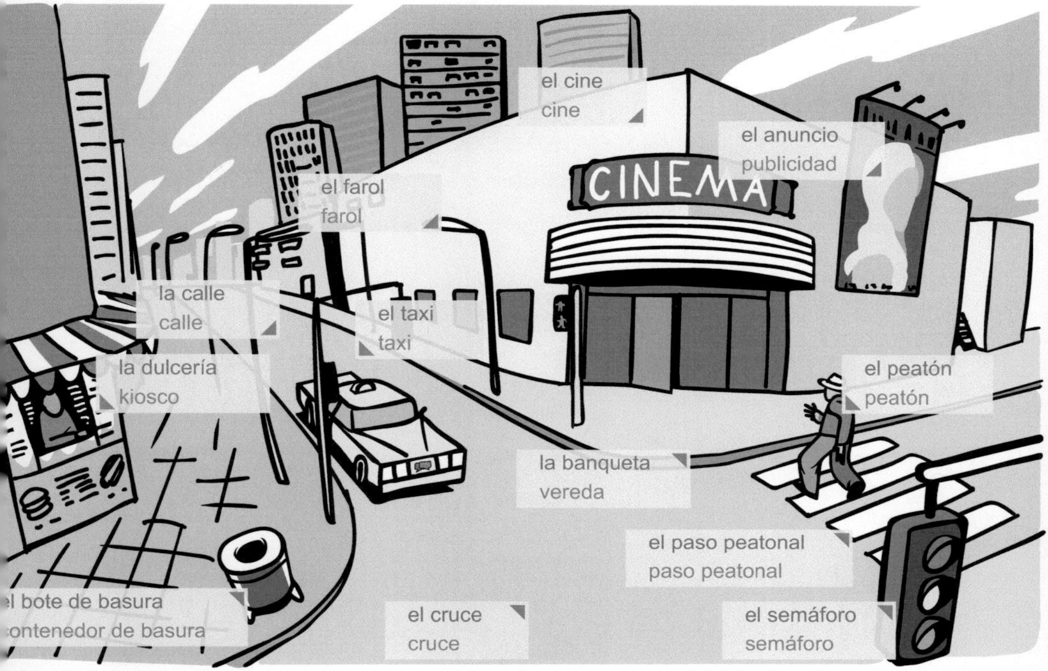

el cine
cine

el anuncio
publicidad

el farol
farol

la calle
calle

el taxi
taxi

la dulcería
kiosco

el peatón
peatón

la banqueta
vereda

el paso peatonal
paso peatonal

el bote de basura
contenedor de basura

el cruce
cruce

el semáforo
semáforo

la cabaña

cabaña

el apartamento

departamento

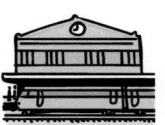

la estación de tren

estación de tren

el ayuntamiento

municipalidad

el museo

museo

la escuela

colegio

la ciudad - ciudad

la universidad

universidad

el banco

banco

el hospital

hospital

el hotel

hotel

la farmacia

farmacia

la oficina

oficina

la librería

librería

la tienda

negocio

la florería

florería

el supermercado

supermercado

el mercado

mercado

las grandes tiendas

grandes tiendas

la pescadería

pescadería

el centro comercial

centro comercial

el puerto

puerto

el parque

parque

el banco

banco

el puente

puente

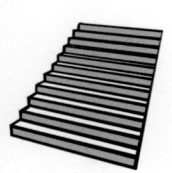

las escaleras

escaleras

el metro

subte

el túnel

túnel

la parada de autobús

parada del colectivo

el bar

bar

el restaurante

restaurante

el buzón

buzón

el letrero

letrero

el parquímetro

parquímetro

el zoológico

zoológico

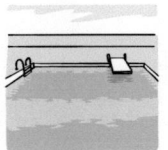

la alberca

pileta

la mezquita

mezquita

la granja

granja

la contaminación

contaminación

el cementerio

cementerio

la iglesia

iglesia

el área de niños

juegos infantiles

el templo

templo

el paisaje

paisaje

la hoja
hoja

la señal
poste indicador

el camino
camino

la pradera
pradera

la piedra
piedra

el árbol
árbol

el caminante
excursionista

el río
río

el pasto
hierba

la flor
flor

el valle

valle

la montaña

montaña

el lago

lago

el bosque

bosque

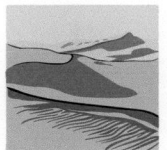

el desierto

desierto

el volcán

volcán

el castillo

castillo

el arco iris

arco iris

el champiñón

champiñón

la palmera

palmera

el mosquito

mosquito

la mosca

mosca

la hormiga

hormiga

la abeja

abeja

la araña

araña

el paisaje - paisaje

el escarabajo

escarabajo

la rana

rana

la ardilla

ardilla

el erizo

erizo

la liebre

liebre

la lechuza

lechuza

el pájaro

pájaro

el cisne

cisne

el jabalí

jabalí

el ciervo

ciervo

el alce

alce

el embalse

presa

la turbina eólica

aerogenerador

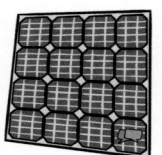

el panel solar

panel solar

el clima

clima

el restaurante
restaurante

el camarero
mozo
el menú
menú
la silla
silla
la sopa
sopa
la pizza
pizza
los cubiertos
cubiertos
el mantel
mantel

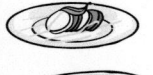

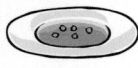

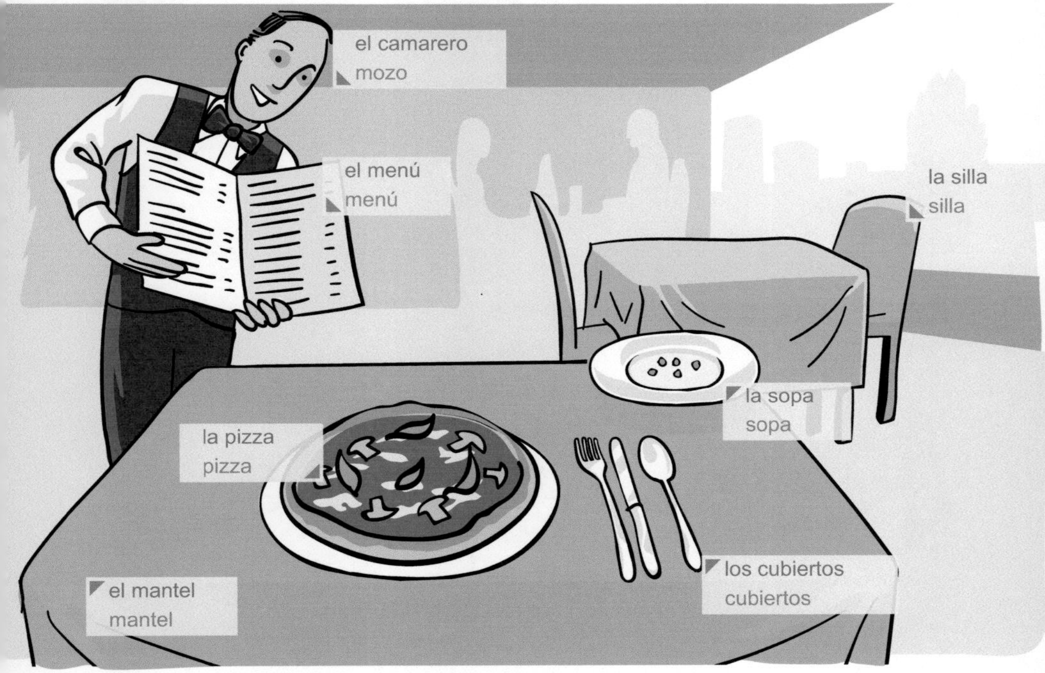

la entrada

entrada

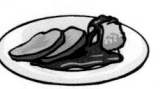

el plato fuerte

plato principal

el postre

postre

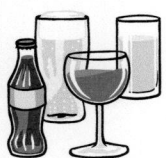

las bebidas

bebidas

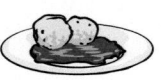

la comida

comida

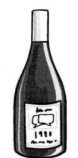

la botella

botella

la comida rápida

comida rápida

la comida de la calle

comida callejera

la tetera

tetera

la azucarera

azucarera

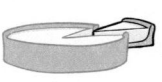

la porción

porción

la cafetera espresso

cafetera expreso

la periquera

sillita alta

la cuenta

cuenta

la charola

bandeja

el cuchillo

cuchillo

el tenedor

tenedor

la cuchara

cuchara

la cuchara de té

cucharita

la servilleta

servilleta

el vaso

vaso

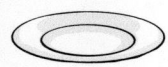

el plato

plato

el plato hondo

plato hondo

el plato

plato

la salsa

salsa

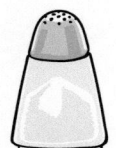

el salero

salero

el molino para pimienta

molinillo de pimienta

el vinagre

vinagre

el aceite

aceite

las especias

especias

el kétchup

kétchup

la mostaza

mostaza

la mayonesa

mayonesa

el supermercado
supermercado

la oferta especial
oferta especial
FOR
el cliente
cliente
los productos lácteos
lácteos
la fruta
fruta
el carrito para compras
changuito

BUTCHERS

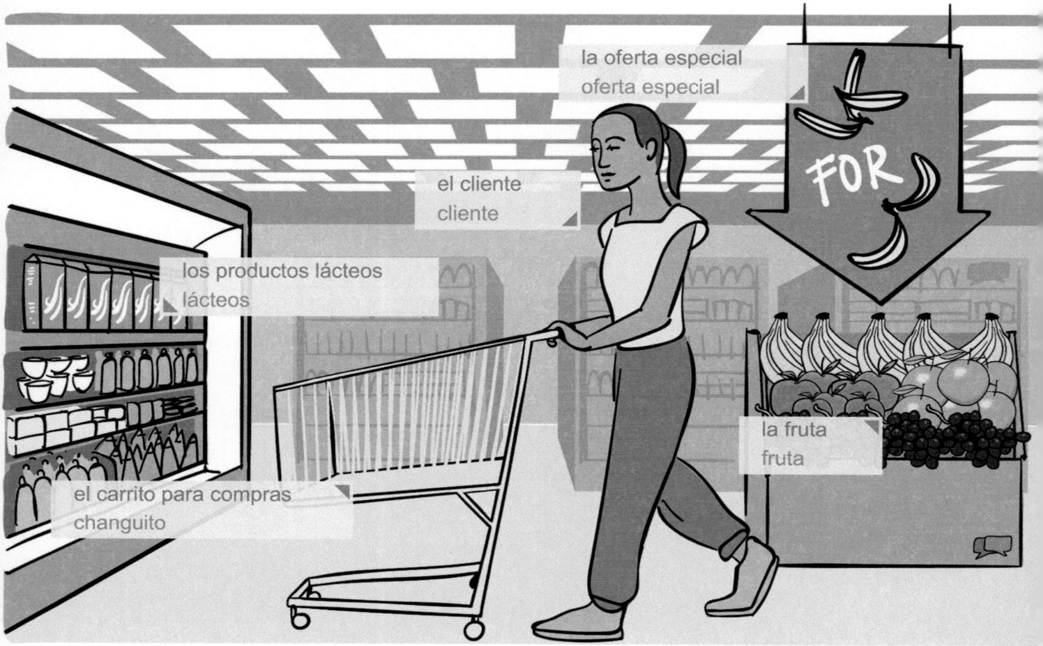

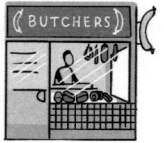

la carnicería

carnicería

BAKERY

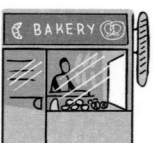

la panadería

panadería

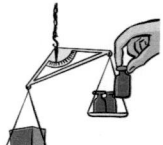

pesar

pesar

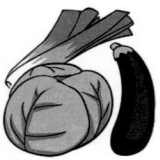

los vegetales

verduras

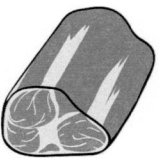

la carne

carne

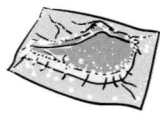

los alimentos congelados

alimentos congelados

las carnes frías

fiambres

los alimentos enlatados

alimentos enlatados

el detergente en polvo

detergente en polvo

los dulces

golosinas

los electrodomésticos

electrodomésticos

productos de limpieza

productos de limpieza

la vendedora

vendedora

la caja

caja

el cajero

cajero

la lista de compras

lista de compras

el horario de atención al público

horario de atención

la cartera

billetera

la tarjeta de crédito

tarjeta de crédito

la bolsa

cartera

la bolsa de plástico

bolsa de plástico

el agua

agua

el jugo

jugo

la leche

leche

el refresco de cola

bebida cola

el vino

vino

la cerveza

cerveza

el alcohol

alcohol

el cacao

cacao

el té

té

el café

café

el espresso

café expreso

el cappuccino

cappuccino

el plátano

banana

la manzana

manzana

la naranja

naranja

el melón

melón

el limón

limón

la zanahoria

zanahoria

el ajo

ajo

el bambú

bambú

la cebolla

cebolla

el champiñón

champiñón

las nueces

nueces

los fideos

fideos

los espaguetis

tallarines

el arroz

arroz

la ensalada

ensalada

las patatas fritas

papas fritas

las patatas fritas

papas fritas

la pizza

pizza

la hamburguesa

hamburguesa

el emparedado

sándwich

el filete

churrasco

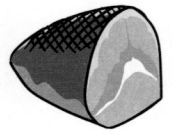

el jamón

jamón

el salami

salame

la salchicha

salchicha

el pollo

pollo

el asado

asado

el pescado

pescado

los copos de avena

copos de avena

el muesli

muesli

los copos de maíz

copos de maíz

la harina

harina

el cuernito

medialuna

el bolillo

pancito

el pan

pan

la tostada

tostada

las galletas

galletitas

la mantequilla

manteca

la cuajada

cuajada

el pastel

torta

el huevo

huevo

el huevo frito

huevo frito

el queso

queso

la comida - comida

el helado

helado

el azúcar

azúcar

la miel

miel

la mermelada

mermelada

la crema de chocolate

pasta de chocolate

el curry

curry

la granja

granja

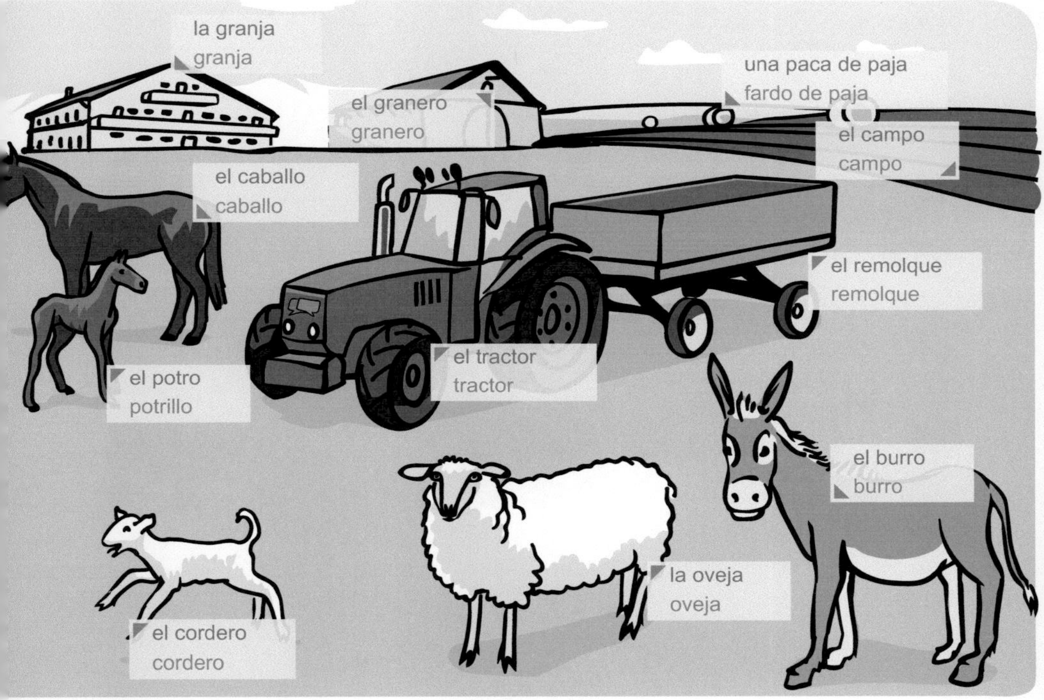

la granja
granja
el granero
granero
una paca de paja
fardo de paja
el campo
campo
el caballo
caballo
el remolque
remolque
el tractor
tractor
el potro
potrillo
el burro
burro
la oveja
oveja
el cordero
cordero

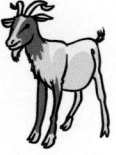

la cabra

cabra

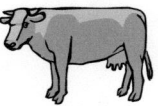

la vaca

vaca

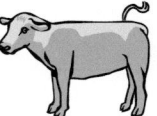

el ternero

ternero

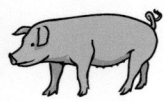

el cerdo

cerdo

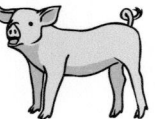

el lechón

lechón

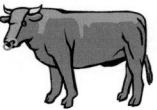

el toro

toro

el ganso

ganso

el pato

pato

el pollo

pollo

la gallina

gallina

el gallo

gallo

la rata

rata

el gato

gato

el ratón

ratón

el buey

buey

el perro

perro

la casa del perro

cucha

la manguera

manguera

la regadera

regadera

la guadaña

guadaña

el arado

arado

la hoz

hoz

el azadón

azada

la horquilla

horquilla

el hacha

hacha

la carretilla

carretilla

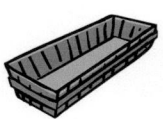

el bebedero

abrevadero

el bote de leche

lechera

el saco

bolsa

la valla

reja

el establo

establo

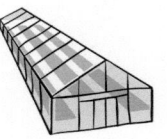

el invernadero

invernadero

el suelo

suelo

la semilla

semilla

el fertilizador

fertilizador

la cosechadora

cosechadora

cosechar

cosechar

la cosecha

cosecha

el camote

batatas

el trigo

trigo

la soja

soja

la patata

papa

el maíz

maíz

la semilla de colza

semilla de colza

el árbol frutal

árbol frutal

la mandioca

mandioca

las cereales

cereales

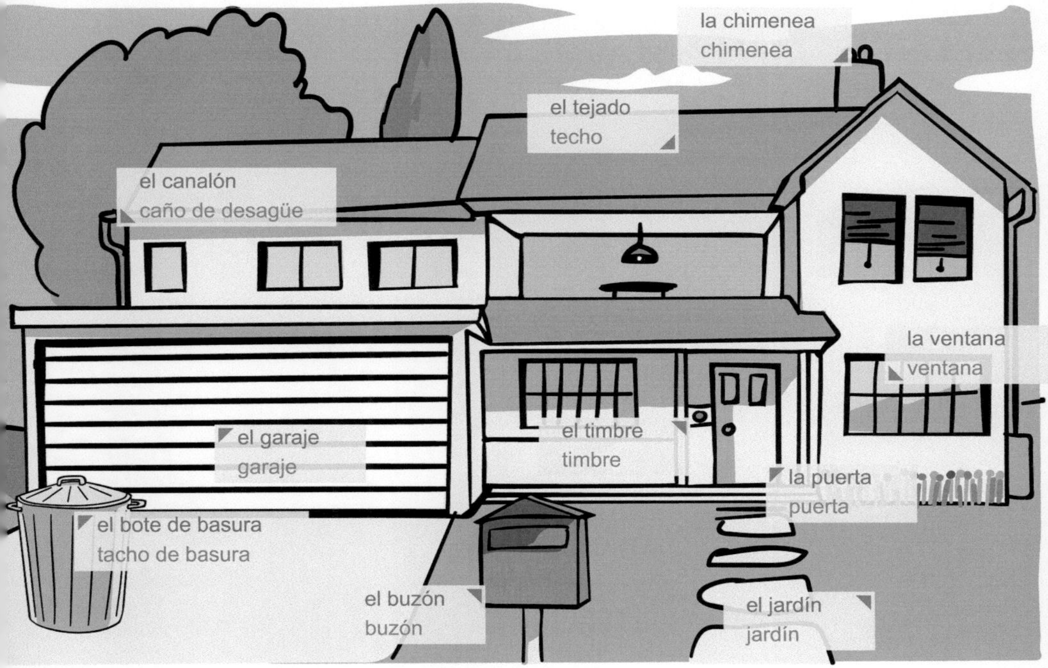

la chimenea
chimenea

el tejado
techo

el canalón
caño de desagüe

la ventana
ventana

el garaje
garaje

el timbre
timbre

la puerta
puerta

el bote de basura
tacho de basura

el buzón
buzón

el jardín
jardín

la estancia

living

el baño

baño

la cocina

cocina

la recámara

dormitorio

la recámara de los niños

cuarto de los chicos

el comedor

comedor

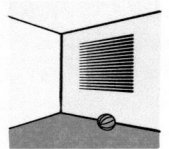

el suelo

piso

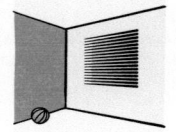

la pared

pared

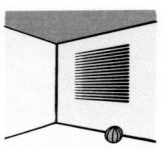

el techo

cielorraso

el sótano

sótano

el sauna

sauna

el balcón

balcón

la terraza

terraza

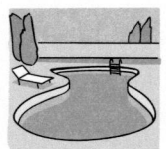

la alberca

pileta

el cortacésped

cortadora de pasto

la sábana

sábana

la colcha

acolchado

la cama

cama

la escoba

escoba

el balde

balde

el interruptor

interruptor

la estancia
living

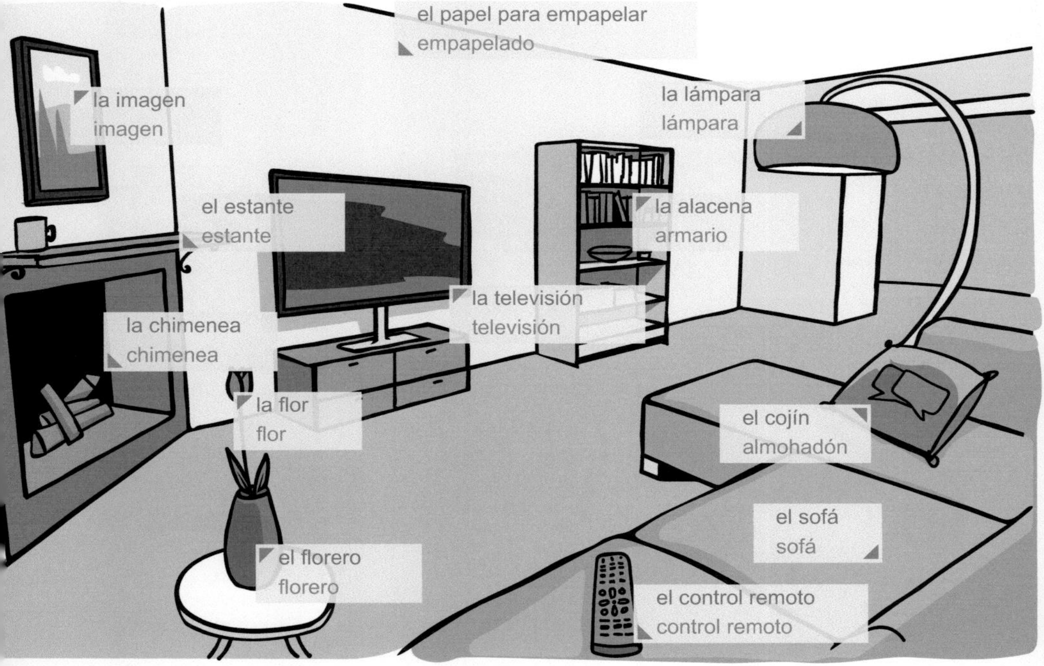
el papel para empapelar
empapelado
la imagen
imagen
la lámpara
lámpara
el estante
estante
la alacena
armario
la televisión
televisión
la chimenea
chimenea
la flor
flor
el cojín
almohadón
el sofá
sofá
el florero
florero
el control remoto
control remoto

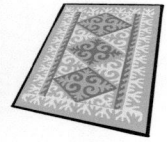

la alfombra
alfombra

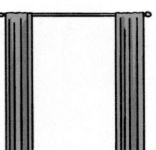

la cortina
cortina

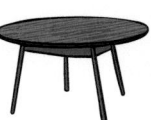

la mesa
mesa

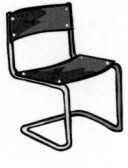

la silla
silla

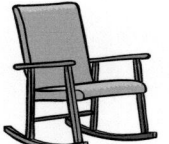

la mecedora
mecedora

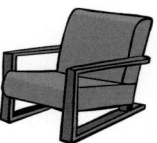

el sillón
sillón

el libro

libro

la frazada

frazada

la decoración

decoración

la leña

leña

la película

película

el equipo de música

equipo de música

la llave

llave

el periódico

diario

la pintura

pintura

el póster

póster

la radio

radio

el cuaderno

cuaderno

la aspiradora

aspiradora

el cactus

cactus

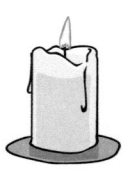

la vela

vela

la cocina
cocina

el refrigerador
heladera
el microondas
microondas
la báscula de cocina
balanza de cocina
la tostadora
tostadora
el detergente
detergente
el horno
horno
el congelador
freezer
el bote de basura
tacho de basura
el lavavajillas
lavaplatos

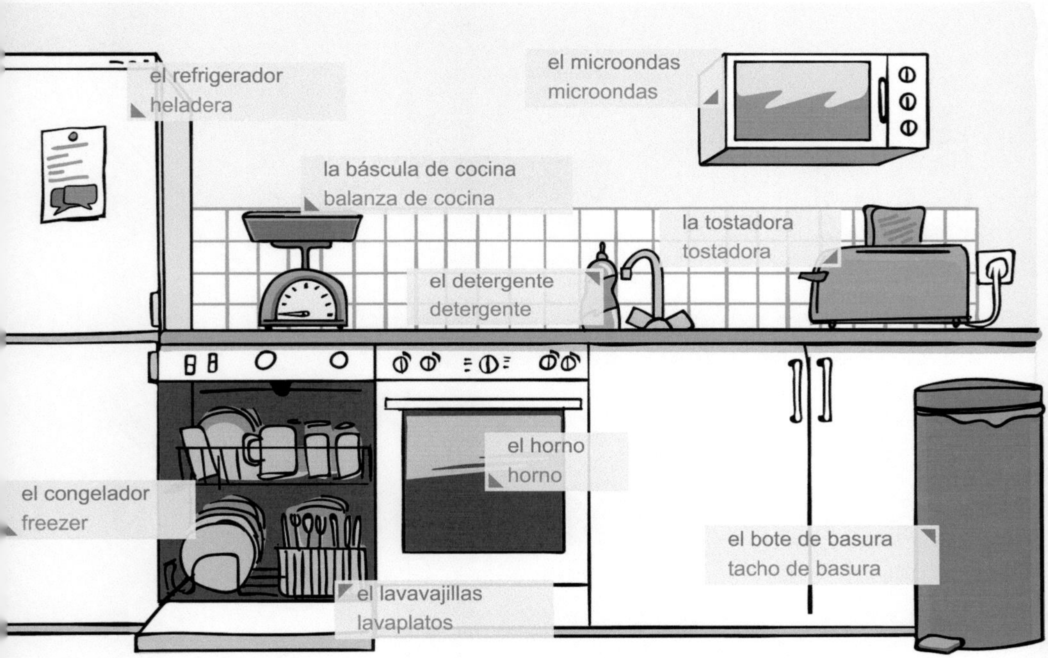

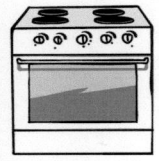

la olla a presión

cocina

la olla

olla

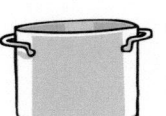

la olla de hierro fundido

olla de hierro fundido

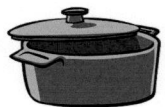

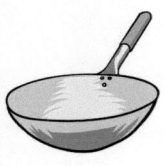

el wok

wok

la sartén

sartén

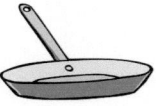

el hervidor

pava

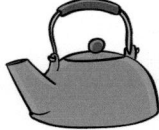

la vaporera

vaporera

la charola de horno

bandeja de horno

la loza

vajilla

la taza

taza

el bol

bol

los palillos

palitos

el cucharón

cucharón

la espátula

estpátula

la batidora

batidora

el colador

colador

el colador

colador

el rallador

rallador

el mortero

mortero

la barbacoa

parrilla

la fogata

fogata

la tabla para picar

tabla de picar

el rodillo para amasar

palo de amasar

el sacacorchos

sacacorchos

la lata

lata

el abrelatas

abrelatas

el guante de cocina

manopla

el fregadero

pileta

el cepillo

cepillo

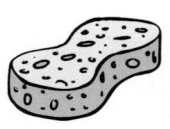

la esponja

esponja

la batidora

batidora

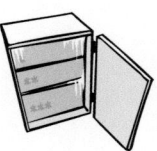

el congelador

congelador

el biberón

mamadera

la llave

canilla

baño

la ducha
ducha

la calefacción
calefacción

la toalla
toalla

la cortina de la ducha
cortina de ducha

el baño de espuma
baño de espuma

la tina
bañadera

el vaso
vaso

la lavadora
lavarropas

las baldosas
baldosas

la llave
canilla

la bacinica
pelela

el fregadero
pileta

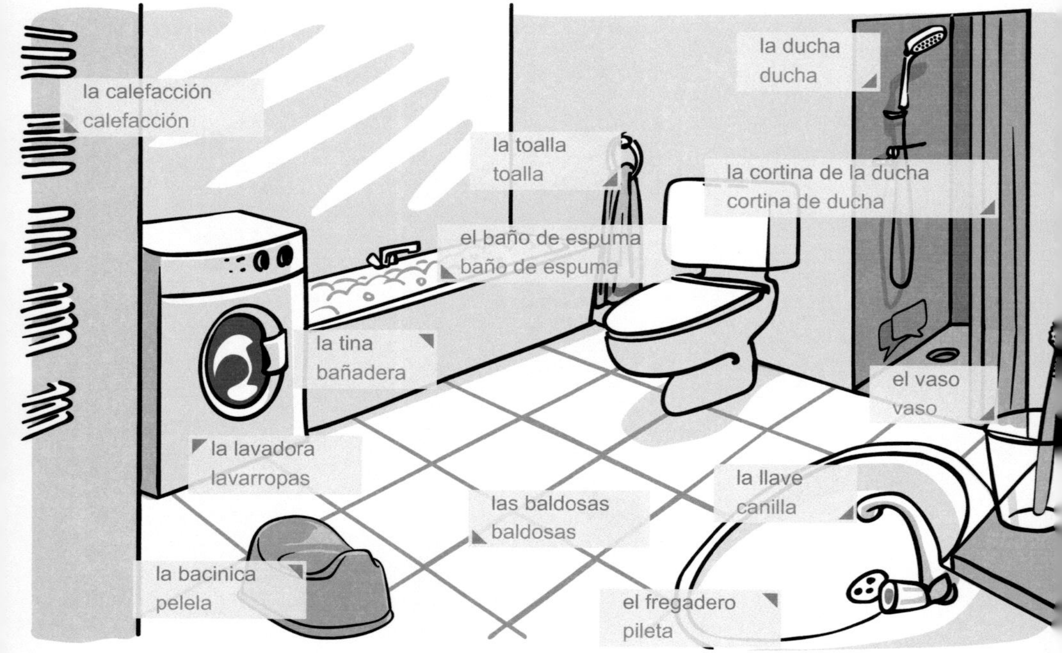

el inodoro

inodoro

la letrina

letrina

el bidé

bidé

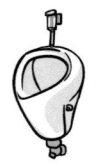

el mingitorio

mingitorio

el papel higiénico

papel higiénico

el cepillo para baño

cepillo para el inodoro

el cepillo de dientes

cepillo de dientes

la pasta dental

dentífrico

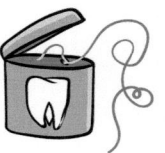

el hilo dental

hilo dental

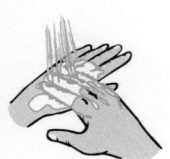

lavar

lavar

la ducha de mano

ducha de mano

la ducha vaginal

ducha higiénica

el fregadero

palangana

el cepillo de espalda

cepillo para espalda

el jabón

jabón

el gel de ducha

gel de ducha

el champú

shampoo

la toallita

toallita

el drenaje

desagüe

la crema

crema

el desodorante

desodorante

el espejo

espejo

el espejo de tocador

espejito

la máquina para afeitar

maquinita de afeitar

la espuma de afeitar

espuma de afeitar

la loción para después de afeitar

aftershave

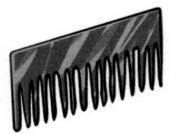

el peine

peine

el cepillo

cepillo

la secadora

secador de pelo

la laca

spray

el maquillaje

maquillaje

el lápiz labial

lápiz de labios

el esmalte para uñas

esmalte para uñas

el algodón

algodón

las tijeras para uñas

tijera para uñas

el perfume

perfume

estuche para cosméticos

....
portacosméticos

el taburete

....
banqueta

la báscula

....
balanza

la bata

....
bata

los guantes de goma

....
guantes de goma

el tampón

....
tampón

la toalla sanitaria

....
toallita femenina

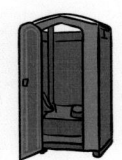

el baño móvil

....
baño químico

la recámara de los niños
cuarto de los chicos

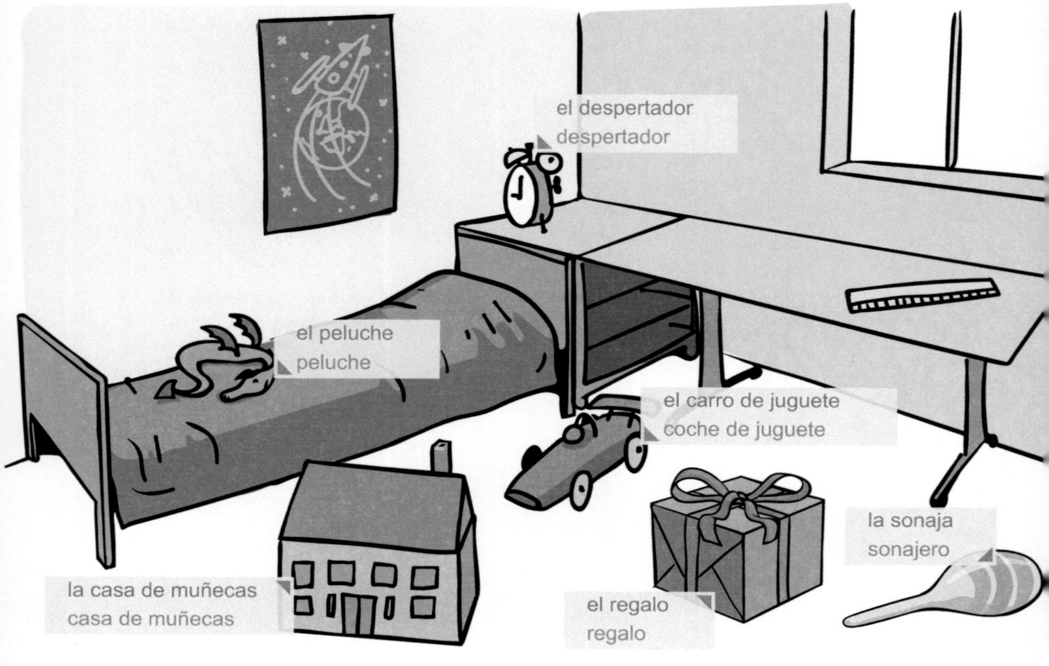
el despertador
despertador
el peluche
peluche
el carro de juguete
coche de juguete
la sonaja
sonajero
la casa de muñecas
casa de muñecas
el regalo
regalo

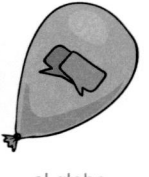

el globo

globo

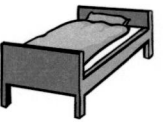

la cama

cama

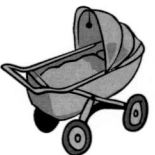

la carriola

cochecito

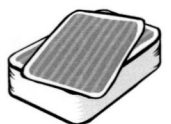

las cartas

cartas

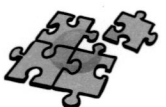

el rompecabezas

rompecabezas

SUPER MEGA

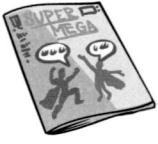

el cómic

historieta

las piezas de lego

piezas de lego

los bloques para jugar

ladrillos de juguete

la figura de acción

figura de acción

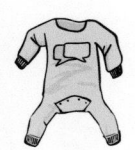

el mameluco

enterito (de bebé)

el frisbee

frisbee

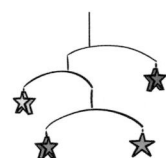

el móvil para bebés

móvil para bebés

el juego de mesa

juego de mesa

los dados

dados

el tren eléctrico

tren eléctrico

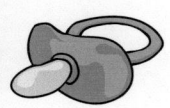

el maniquí

chupete

la fiesta

fiesta

el álbum de fotos

libro de cuentos ilustrado

el balón

pelota

la muñeca

muñeca

jugar

jugar

el arenero

arenero

el columpio

hamaca

los juguetes

juguetes

la consola de videojuegos

consola de videojuegos

el triciclo

triciclo

el oso de peluche

osito de peluche

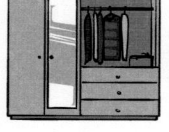

el clóset

armario

la ropa

ropa

los calcetines

medias

las pantimedias

medias panty

las mallas

calzas

la bufanda
bufanda

el cinto
cinturón

el paraguas
paraguas

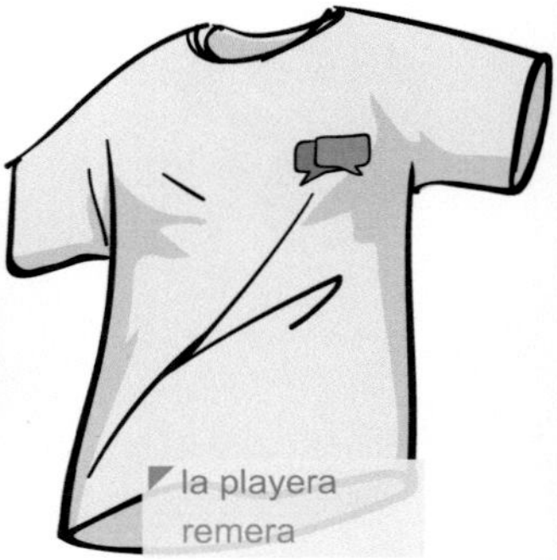

la playera
remera

los tenis
zapatillas

las botas
botas

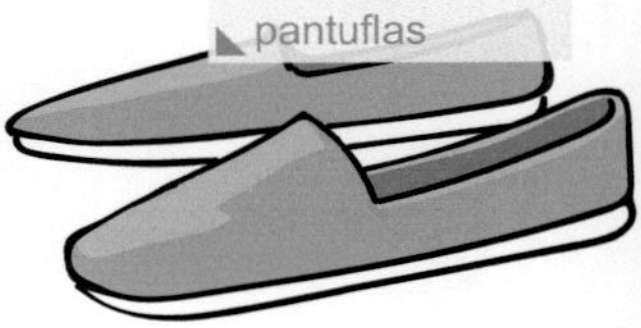

las chanclas
pantuflas

las sandalias
....
sandalias

los zapatos
....
zapatos

las botas de goma
....
botas de goma

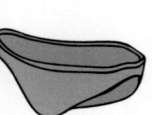

la ropa interior
....
ropa interior

el brasier
....
corpiño

el chaleco
....
chaleco

el body

body

los pantalones

pantalones

los pantalones de mezclilla

jeans

la falda

pollera

la blusa

blusa

la camisa

camisa

el suéter

pulóver

la sudadera

buzo

el saco sport

blazer

la chamarra

campera

el abrigo

tapado

el impermeable

piloto

el traje

traje

el vestido

vestido

el vestido de novia

vestido de novia

el traje

traje

el camisón

camisón

el pijama

pijama

el sari

sari

el pañuelo para la cabeza

pañuelo para cabeza

el turbante

turbante

la burka

burka

el caftán

caftán

la abaya

abaya

el traje de baño

traje de baño

el short de baño

short de baño

los shorts

shorts

los pants

jogging

el delantal

delantal

los guantes

guantes

la ropa - ropa

el botón
botón

las gafas
anteojos

el brazalete
pulsera

el collar
collar

el anillo
anillo

el arete
aro

la gorra
gorra

el gancho
percha

el sombrero
sombrero

la corbata
corbata

el cierre
cierre

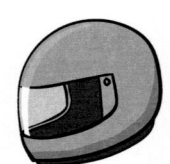

el casco
casco

los tirantes
tiradores

el uniforme
uniforme escolar

el uniforme
uniforme

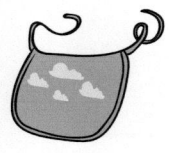

el babero

babero

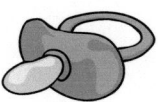

el maniquí

chupete

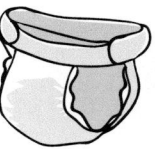

el pañal

pañal

la oficina

oficina

el servidor
servidor
el archivo
archivero
la impresora
impresora
el papel
papel
el monitor
monitor
el escritorio
escritorio
el mouse
mouse
la carpeta
carpeta
el teclado
teclado
el bote de basura
tacho (de basura)
la computadora
computadora
la silla
silla

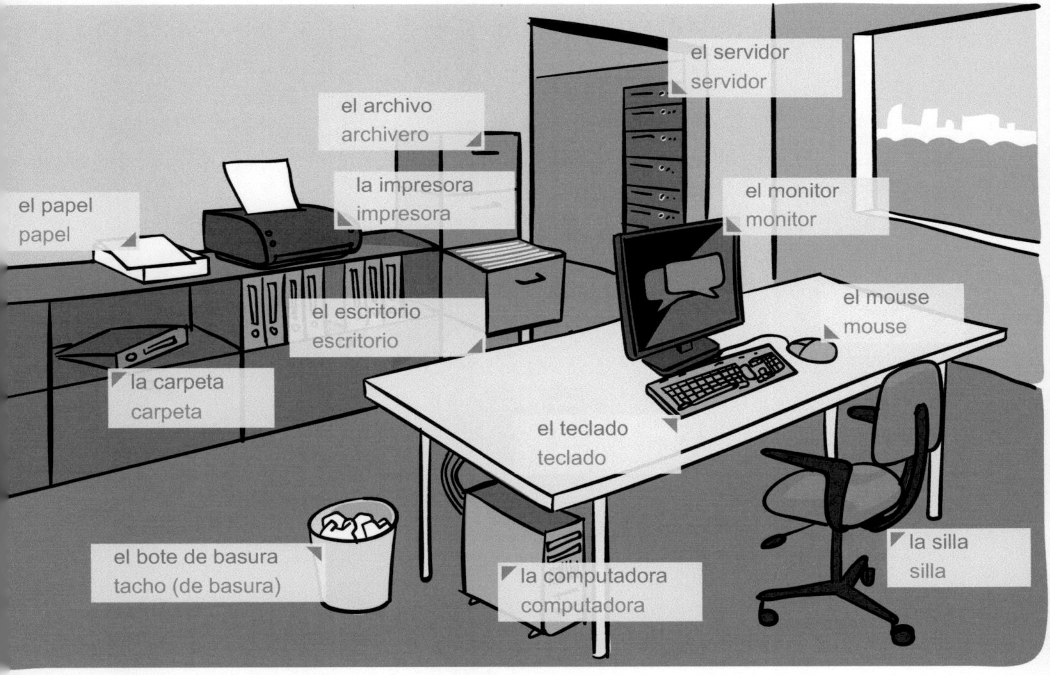

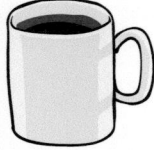

la taza de café

taza de café

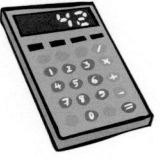

la calculadora

calculadora

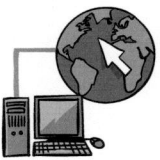

el internet

internet

la notebook

laptop

la carta

carta

el mensaje

mensaje

el móvil

celular

la red

red

la fotocopiadora

fotocopiadora

el software

software

el teléfono

teléfono

el tomacorriente

tomacorriente

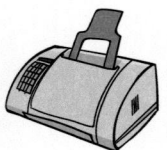

el fax

fax

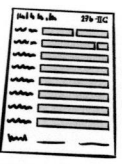

el formulario

formulario

el documento

documento

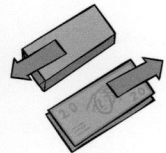

comprar

comprar

pagar

pagar

hacer negocios

hacer negocios

el dinero

dinero

el dólar

dólar

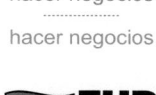

el euro

euro

el yen

yen

el rublo

rublo

el franco suizo

franco suizo

el yuan

yuan

la rupia

rupia

el cajero automático

cajero automático

la casa de cambio

casa de cambio

el oro

oro

la plata

plata

el petróleo

petróleo

la energía

energía

el precio

precio

el contrato

contrato

el impuesto

impuesto

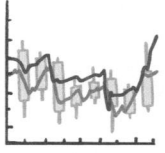

la acción

acción

trabajar

trabajar

el empleado

empleado

el empleador

empleador

la fábrica

fábrica

la tienda

negocio

las ocupaciones
ocupaciones

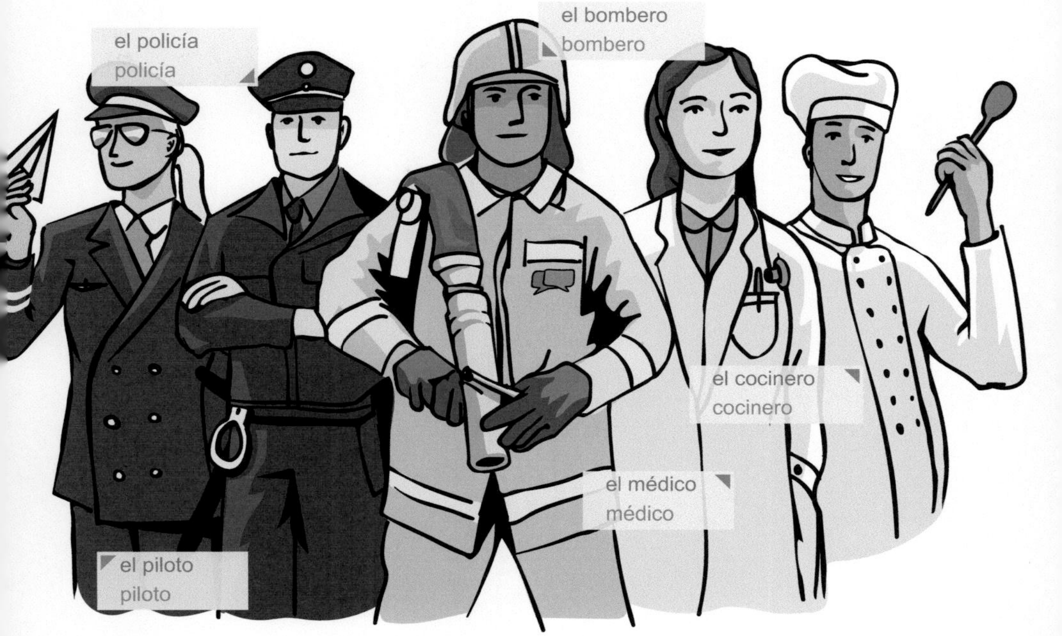
el policía
policía
el bombero
bombero
el cocinero
cocinero
el médico
médico
el piloto
piloto

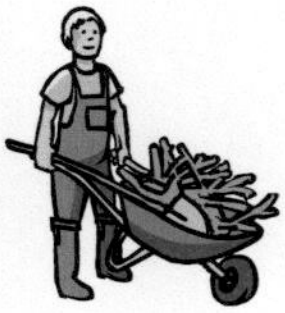

el jardinero

jardinero

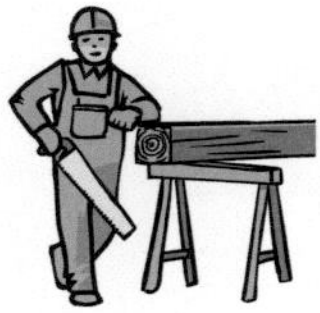

el carpintero

carpintero

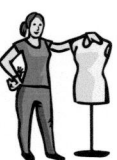

la costurera

modista

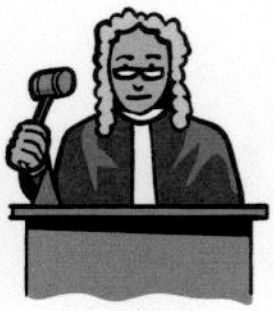

el juez

juez

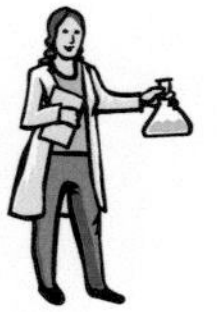

el farmacéutico

farmacéutico

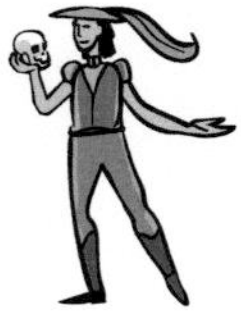

el actor

actor

el conductor de autobús

colectivero

el taxista

taxista

el pescador

pescador

la señora de la limpieza

mucama

el instalador de techos

techista

el camarero

mozo

el cazador

cazador

el pintor

pintor

el panadero

panadero

el electricista

electricista

el obrero

albañil

el ingeniero

ingeniero

el carnicero

carnicero

el plomero

plomero

el cartero

cartero

el soldado

soldado

el arquitecto

arquitecto

el cajero

cajero

el florista

florista

el peluquero

peluquero

el cobrador

cobrador

el mecánico

mecánico

el capitán

capitán

el dentista

dentista

el científico

científico

el rabino

rabino

el imán

imán

el monje

monje

el sacerdote

sacerdote

las herramientas
herramientas

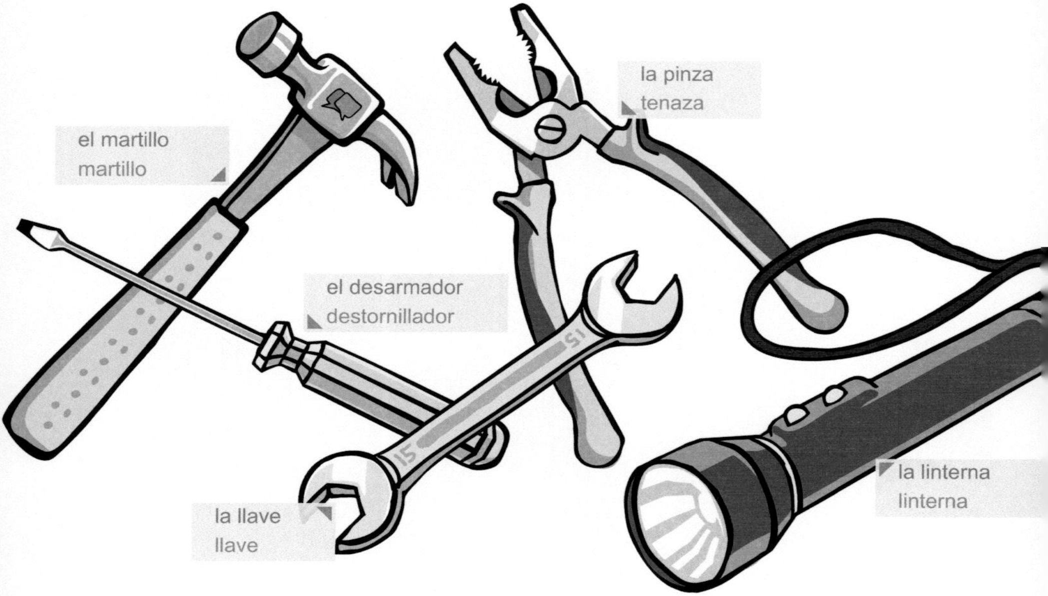
el martillo
martillo
la pinza
tenaza
el desarmador
destornillador
la llave
llave
la linterna
linterna

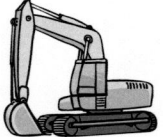

la excavadora

excavadora

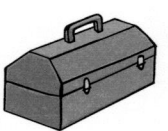

la caja de herramientas

caja de herramientas

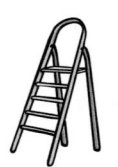

la escalera de mano

escalera portátil

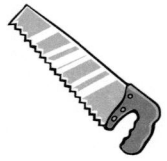

la sierra

sierra

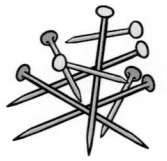

los clavos

clavos

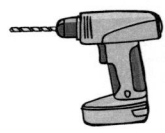

el taladro

taladro

reparar

arreglar

la pala

pala de jardín

¡Maldición!

¡Qué bronca!

el recogedor

pala de plástico

el bote de pintura

tacho de pintura

los tornillos

tornillos

los instrumentos musicales
instrumentos musicales

la batería
batería

el altavoz
parlante

la guitarra
guitarra

el contrabajo
contrabajo

la trompeta
trompeta

el piano

piano

el violín

violín

el bajo

bajo

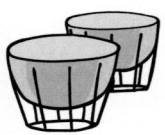

los timbales

timbales

el tambor

tambor

el teclado

teclado

el saxofón

saxofón

la flauta

flauta

el micrófono

micrófono

el zoológico

zoológico

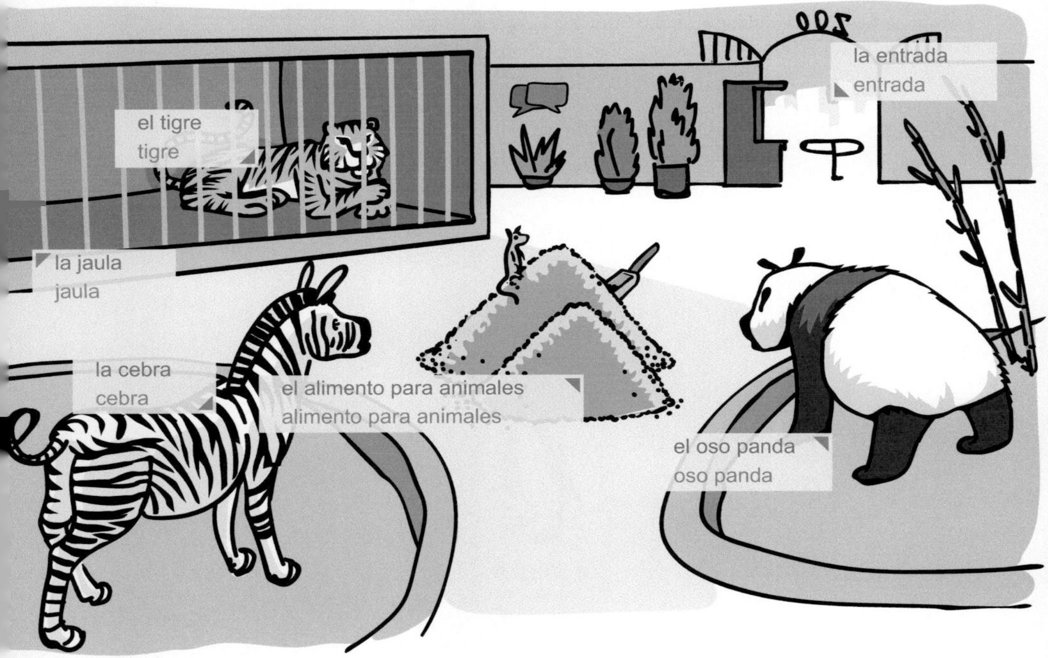

la entrada
entrada
el tigre
tigre
la jaula
jaula
la cebra
cebra
el alimento para animales
alimento para animales
el oso panda
oso panda

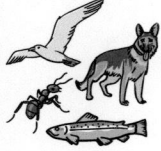

los animales

animales

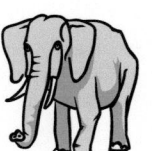

el elefante

elefante

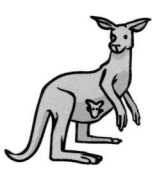

el canguro

canguro

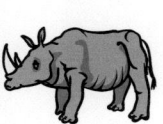

el rinoceronte

rinoceronte

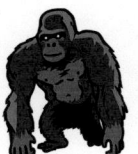

el gorila

gorila

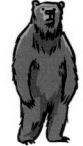

el oso

oso

el camello

camello

el avestruz

avestruz

el león

león

el mono

mono

el flamenco

flamenco

el loro

loro

el oso polar

oso polar

el pingüino

pingüino

el tiburón

tiburón

el pavo real

pavo real

la serpiente

serpiente

el cocodrilo

cocodrilo

el guardián de zoológico

cuidador del zoológico

la foca

foca

el jaguar

jaguar

el poni

poni

el leopardo

leopardo

el hipopótamo

hipopótamo

la jirafa

jirafa

el águila

águila

el jabalí

jabalí

el pescado

pescado

la tortuga

tortuga

la morsa

morsa

el zorro

zorro

la gacela

gacela

deportes

el fútbol americano
fútbol americano

el ciclismo
ciclismo

el tenis
tenis

el baloncesto
básquet

la natación
natación

el hockey sobre hielo
hockey sobre hielo

el boxeo
boxeo

el fútbol
fútbol

el bádminton
bádminton

el atletismo
atletismo

el handball
handball

el esquí
esquí

el polo
polo

las actividades

actividades

reír
reír
saltar
saltar
abrazar
abrazar
caminar
caminar
cantar
cantar
soñar
soñar
rezar
rezar
besar
besar

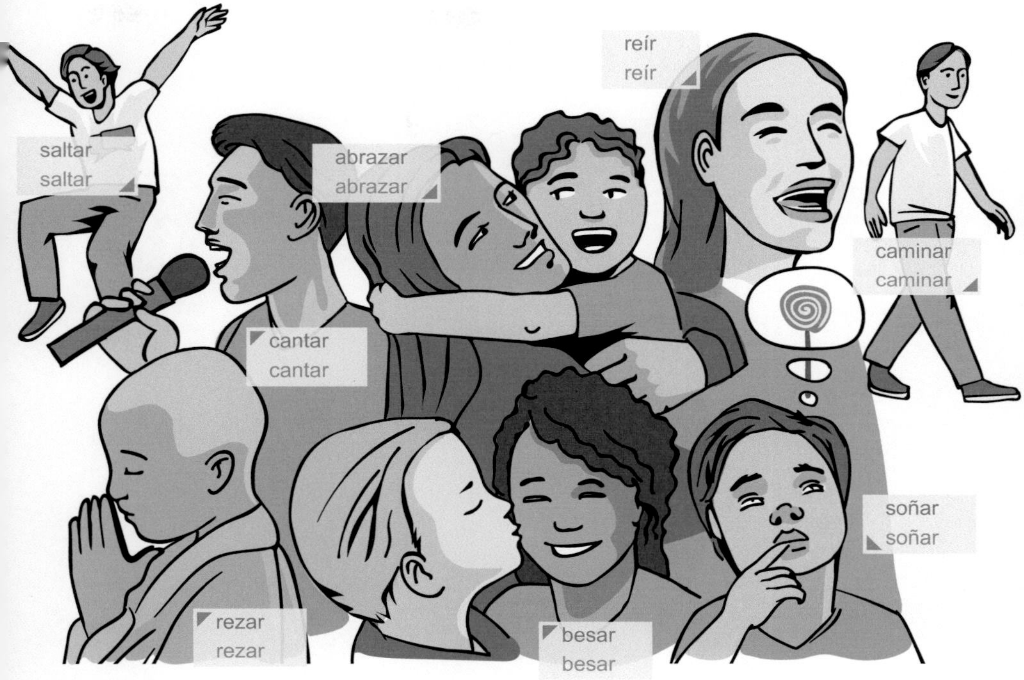

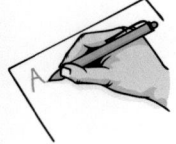

escribir

escribir

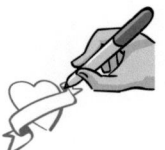

dibujar

dibujar

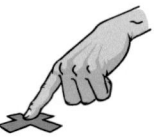

mostrar

mostrar

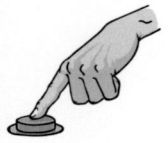

empujar

presionar

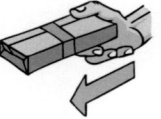

dar

dar

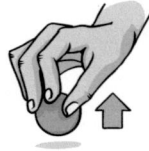

tomar

tomar

tener
tener

hacer
hacer

ser
ser

estar parado
estar parado

correr
correr

jalar
tirar

arrojar
tirar

caer
caer

estar acostado
estar acostado

esperar
esperar

llevar
llevar

estar sentado
estar sentado

vestirse
vestirse

dormir
dormir

despertar
despertar

mirar

mirar

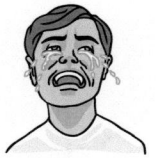

llorar

llorar

acariciar

acariciar

peinar

peinar

hablar

hablar

entender

entender

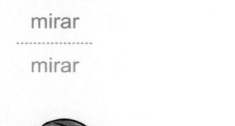

preguntar

preguntar

escuchar

escuchar

beber

beber

comer

comer

ordenar

ordenar

amar

amar

cocinar

cocinar

conducir

manejar

volar

volar

navegar

navegar

calcular

calcular

leer

leer

aprender

aprender

trabajar

trabajar

casarse

casarse

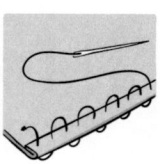

coser

coser

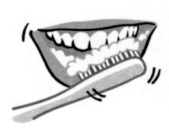

cepillarse los dientes

cepillarse los dientes

matar

matar

fumar

fumar

enviar

enviar

las actividades - actividades

la familia

familia

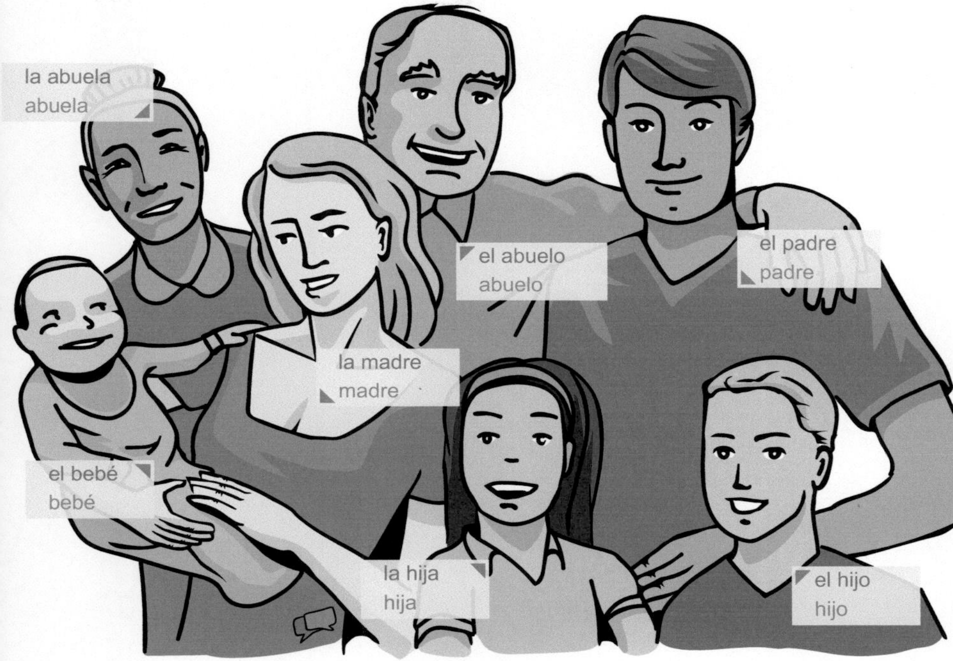

la abuela
abuela
el abuelo
abuelo
el padre
padre
la madre
madre
el bebé
bebé
la hija
hija
el hijo
hijo

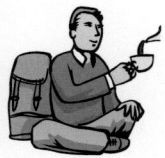

el invitado

invitado

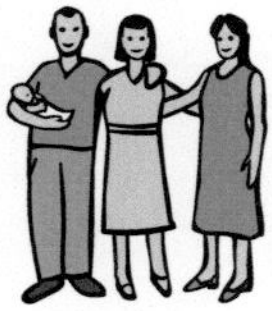

la tía

tía

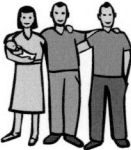

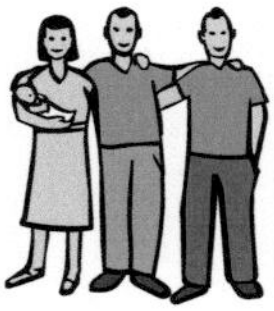

el tío

tío

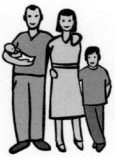

el hermano

hermano

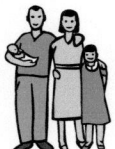

la hermana

hermana

el cuerpo

cuerpo

la frente
frente
el ojo
ojo
el hombro
hombro
el dedo
dedo
la cara
cara
la barbilla
pera
la mano
mano
la pierna
pierna
el pecho
pecho
el brazo
brazo

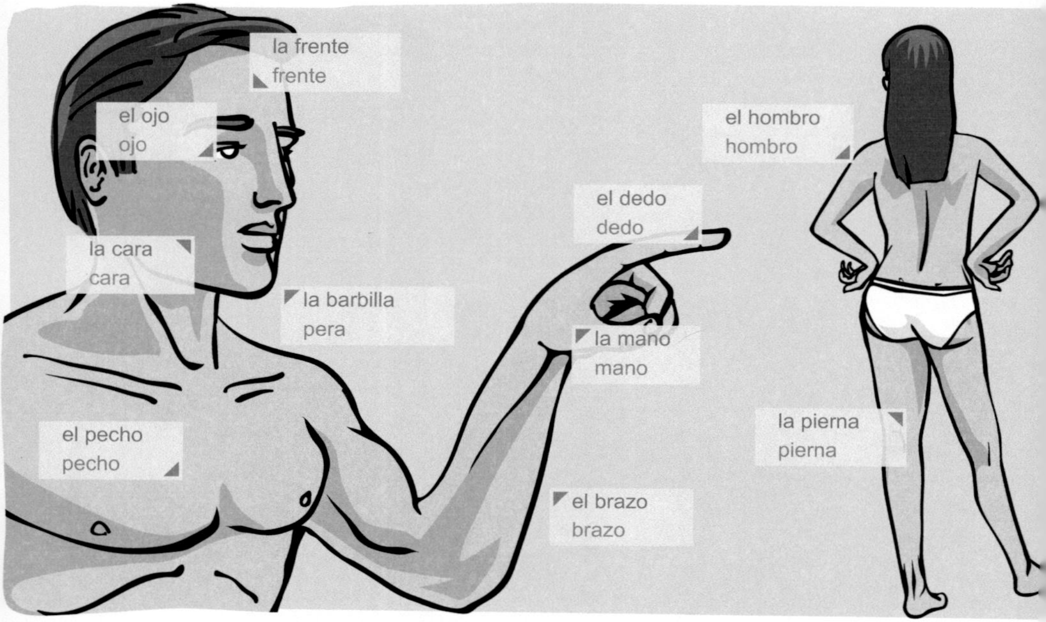

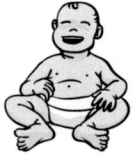

el bebé

bebé

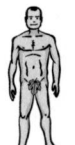

el hombre

hombre

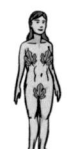

la mujer

mujer

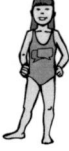

la niña

nena

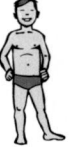

el niño

nene

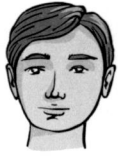

la cabeza

cabeza

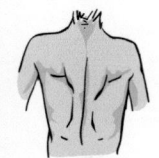

la espalda

espalda

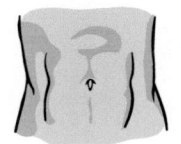

la barriga

panza

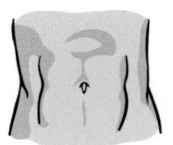

el ombligo

ombligo

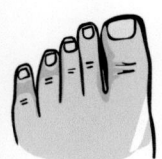

el dedo del pie

dedo del pie

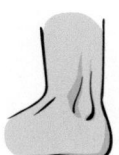

el talón

talón

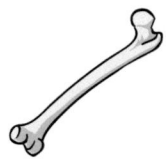

el hueso

hueso

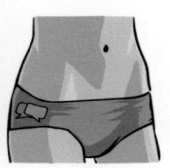

la cadera

cadera

la rodilla

rodilla

el codo

codo

la nariz

nariz

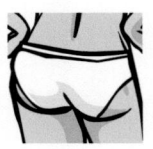

las pompis

cola

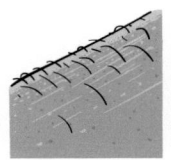

la piel

piel

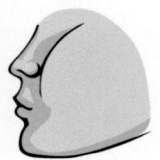

la mejilla

cachete

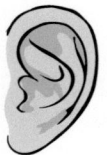

el oído

oreja

el labio

labio

la boca

boca

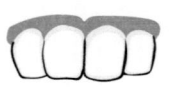

el diente

diente

la lengua

lengua

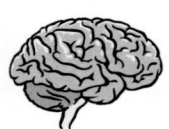

el cerebro

cerebro

el corazón

corazón

el músculo

músculo

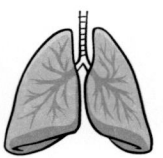

el pulmón

pulmón

el hígado

hígado

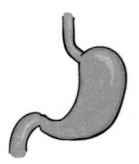

el estómago

estómago

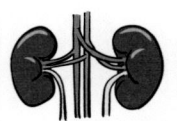

los riñones

riñones

el sexo

sexo

el condón

preservativo

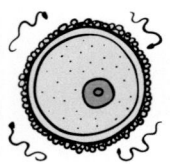

el óvulo

óvulo

el semen

semen

el embarazo

embarazo

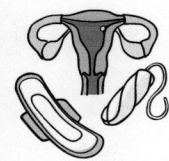

la menstruación

menstruación

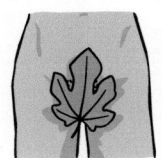

la vagina

vagina

el pene

pene

la ceja

ceja

el cabello

pelo

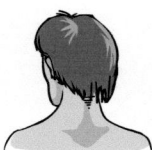

el cuello

cuello

el hospital
hospital

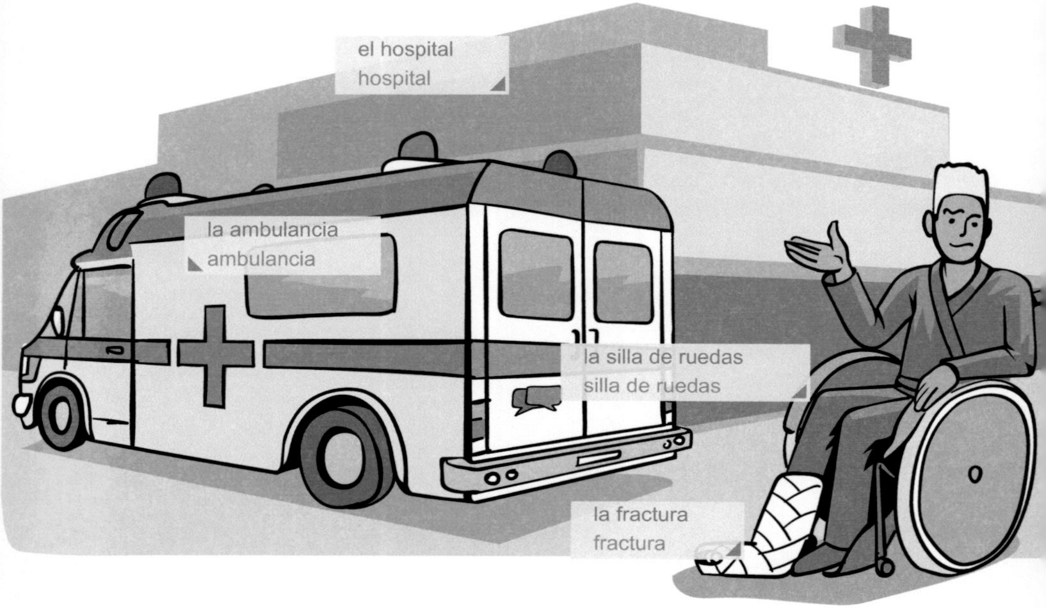

el hospital
hospital
la ambulancia
ambulancia
la silla de ruedas
silla de ruedas
la fractura
fractura

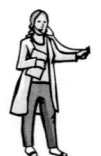

el médico

médico

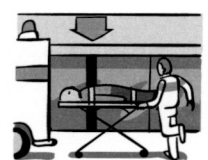

la sala de emergencias

sala de guardia

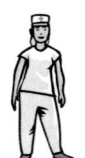

la enfermera

enfermera

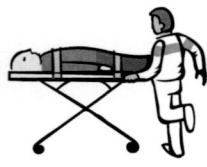

la emergencia

emergencia

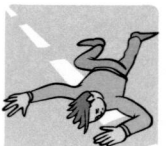

inconsciente

inconsciente

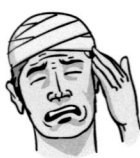

el dolor

dolor

la lesión

lesión

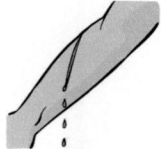

la hemorragia

hemorragia

el infarto

infarto

el accidente
cerebrovascular

ACV

la alergia

alergia

la tos

tos

la fiebre

fiebre

la gripa

gripe

la diarrea

diarrea

el dolor de cabeza

dolor de cabeza

el cáncer

cáncer

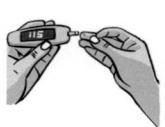

la diabetes

diabetes

el cirujano

cirujano

el bisturí

bisturí

la operación

operación

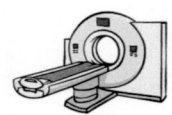

TC
TC

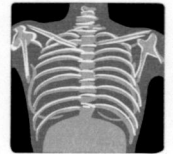

los rayos x
rayos x

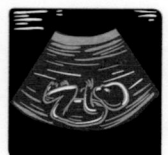

el ultrasonido
ecografía

la mascarilla
barbijo

la enfermedad
enfermedad

la sala de espera
sala de espera

la muleta
muleta

la vendita
curita

el vendaje
venda

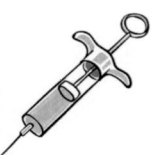

la inyección
inyección

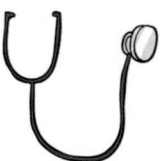

el estetoscopio
estetoscopio

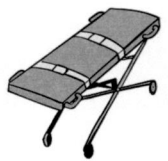

la camilla
camilla

el termómetro
termómetro

el nacimiento
nacimiento

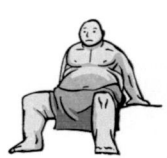

el sobrepeso
sobrepeso

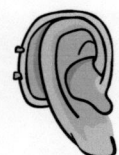

el audífono

audífono

el desinfectante

desinfectante

la infección

infección

el virus

virus

VIH / SIDA

VIH / SIDA

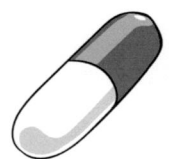

la medicina

remedio

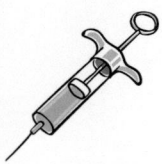

la vacunación

vacunación

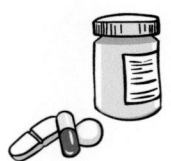

las tabletas

comprimidos

la pastilla anticonceptiva

pastilla anticonceptiva

la llamada de emergencia

llamada de emergencia

el medidor de presión

tensiómetro

enfermo / sano

enfermo / sano

¡Socorro!

¡Ayuda!

la alarma

alarma

la agresión

agresión

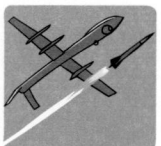

el ataque

ataque

el peligro

peligro

la salida de emergencia

salida de emergencia

¡Fuego!

¡Fuego!

el extintor de incendios

matafuego

el accidente

accidente

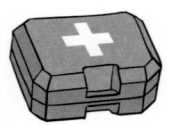

el botiquín de primeros
auxilios

botiquín de primeros
auxilios

SOS

SOS

la policía

policía

Europa

Europa

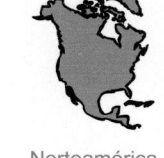

Norteamérica

América del Norte

Sudamérica

América del Sur

África

África

Asia

Asia

Australia

Australia

el Atlántico

Atlántico

el Pacífico

Pacífico

el Océano Índico

Océano Índico

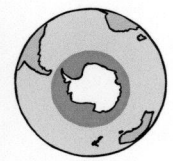

el Océano Antártico

Océano Antártico

el Océano Ártico

Océano Ártico

el polo norte

polo norte

el polo sur

polo sur

la Antártida

Antártida

la tierra

Tierra

la tierra

tierra

el mar

mar

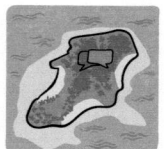

la isla

isla

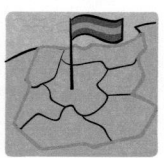

la nación

nación

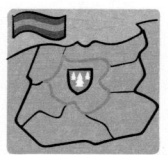

el estado

estado

la esfera

esfera

la manecilla de las horas

manecilla de las horas

el minutero

minutero

el segundero

segundero

¿Qué hora es?

¿Qué hora es?

el día

día

la hora

hora

ahora

ahora

el reloj digital

reloj digital

el minuto

minuto

la hora

hora

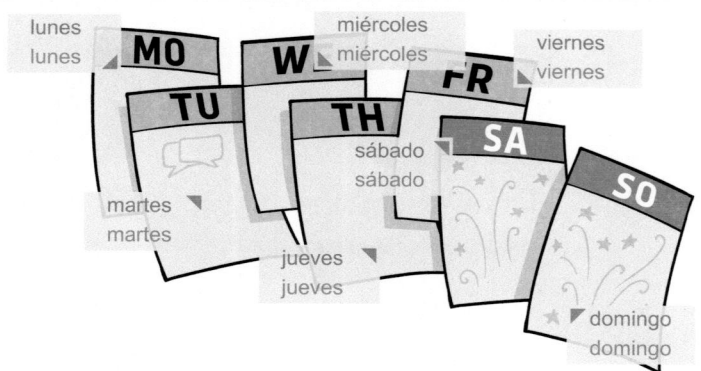

lunes
lunes

miércoles
miércoles

viernes
viernes

martes
martes

jueves
jueves

sábado
sábado

domingo
domingo

ayer

ayer

hoy

hoy

mañana

mañana

la mañana

mañana

el mediodía

mediodía

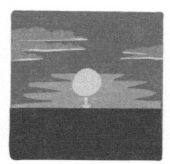

la tarde

tarde

MO	TU	WE	TH	FR	SA	SU
1	2	3	4	5	6	7
8	9	10	11	12	13	14
15	16	17	18	19	20	21
22	23	24	25	26	27	28
29	30	31	1	2	3	4

los días laborables

días hábiles

MO	TU	WE	TH	FR	SA	SU
1	2	3	4	5	6	7
8	9	10	11	12	13	14
15	16	17	18	19	20	21
22	23	24	25	26	27	28
29	30	31	1	2	3	4

el fin de semana

fin de semana

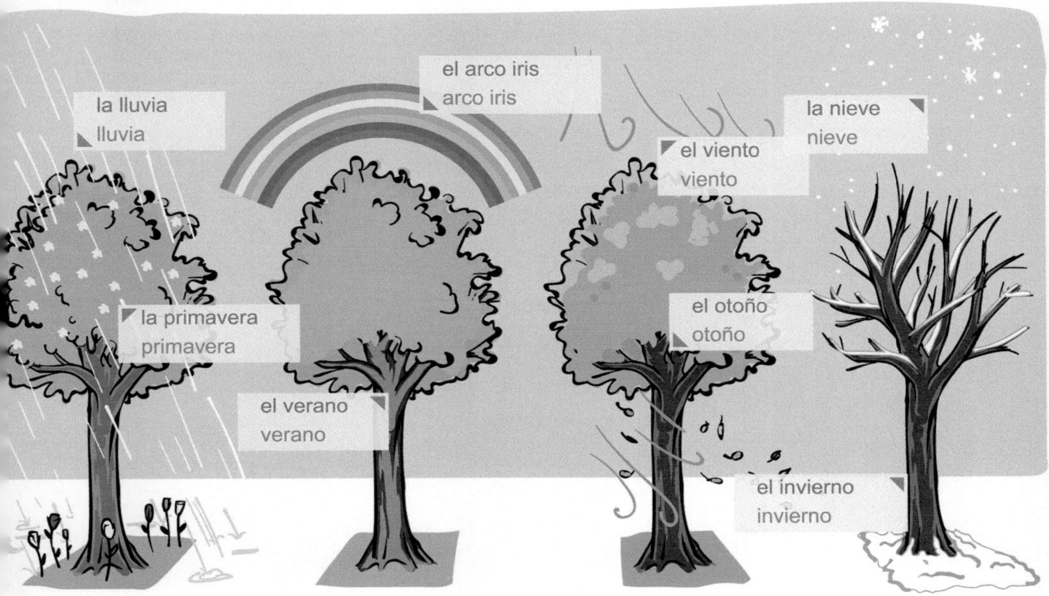

la lluvia
lluvia

el arco iris
arco iris

la nieve
nieve

el viento
viento

la primavera
primavera

el otoño
otoño

el verano
verano

el invierno
invierno

4.APRIL	11°	☀
5.APRIL	4°	☁
6.APRIL	13°	🌧
7.APRIL	8°	☀
8.APRIL	10°	☀

el pronóstico del tiempo

pronóstico meteorológico

el termómetro

termómetro

el sol

luz del sol

la nube

nube

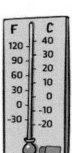

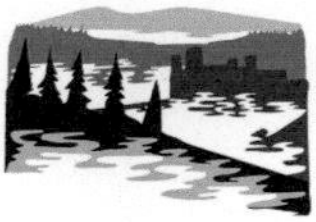

la niebla

niebla

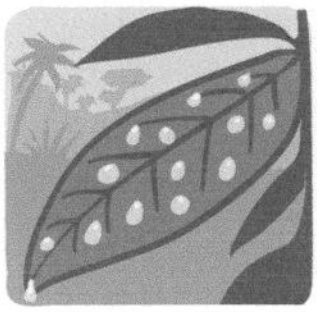

la humedad

humedad

el rayo

rayo

el trueno

trueno

la tormenta

tormenta

el granizo

granizo

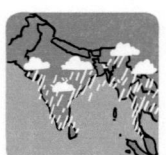

el monzón

monzón

la inundación

inundación

el hielo

hielo

enero

enero

febrero

febrero

marzo

marzo

abril

abril

mayo

mayo

junio

junio

julio

julio

agosto

agosto

el año - año

septiembre

septiembre

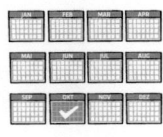

octubre

octubre

noviembre

noviembre

diciembre

diciembre

las formas

formas

el círculo

círculo

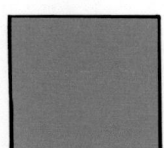

el cuadrado

cuadrado

el rectángulo

rectángulo

el triángulo

triángulo

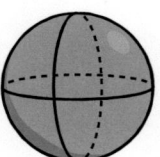

la esfera

esfera

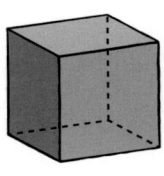

el cubo

cubo

blanco

blanco

amarillo

amarillo

naranja

naranja

rosa

rosa

rojo

rojo

morado

violeta

azul

azul

verde

verde

marrón

marrón

gris

gris

negro

negro

mucho / poco
....
mucho / poco

enojado / tranquilo
....
enojado / tranquilo

bonito / feo
....
lindo / feo

principio / fin
....
principio / fin

grande / pequeño
....
grande / chico

claro / oscuro
....
claro / oscuro

el hermano / la hermana
....
hermano / hermana

limpio / sucio
....
limpio / sucio

completo / incompleto
....
completo / incompleto

el día / la noche
....
día / noche

muerto / vivo
....
muerto / vivo

ancho / angosto
....
ancho / angosto

comestible / no comestible

comestible / no comestible

malo / amable

malo / amable

entusiasmado / aburrido

entusiasmado / aburrido

gordo / delgado

gordo / flaco

primero / último

primero / último

el amigo / el enemigo

amigo / enemigo

lleno / vacío

lleno / vacío

duro / blando

duro / blando

pesado / ligero

pesado / liviano

el hambre / la sed

hambre / sed

enfermo / sano

enfermo / sano

ilegal / legal

ilegal / legal

inteligente / tonto

inteligente / estúpido

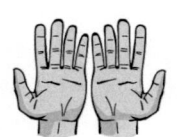

izquierda / derecha

izquierda / derecha

cerca / lejos

cerca / lejos

nuevo / usado

nuevo / usado

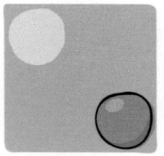

nada / algo

nada / algo

viejo / joven

viejo / joven

encendido / apagado

encendido / apagado

abierto / cerrado

abierto / cerrado

silencioso / ruidoso

silencioso / ruidoso

rico / pobre

rico / pobre

correcto / incorrecto

correcto / incorrecto

áspero / suave

áspero / suave

triste / contento

triste / contento

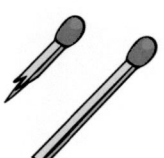

corto / largo

corto / largo

lento / rápido

lento / rápido

húmedo / seco

mojado / seco

caliente / frío

caliente / frío

guerra / paz

guerra / paz

números

0

cero

cero

1

uno

uno

2

dos

dos

3

tres

tres

4

cuatro

cuatro

5

cinco

cinco

6

seis

seis

7

siete

siete

8

ocho

ocho

9

nueve

nueve

10

diez

diez

11

once

once

12

doce

doce

13

trece

trece

14

catorce

catorce

15

quince

quince

16

dieciséis

dieciséis

17

diecisiete

diecisiete

18

dieciocho

dieciocho

19

diecinueve

diecinueve

20

veinte

veinte

100

cien

cien

1.000

mil

mil

1.000.000

el millón

millón

el inglés

inglés

el inglés americano

inglés americano

el chino mandarín

chino mandarín

el hindi

hindi

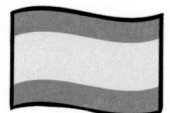

el español

español

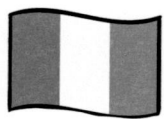

el francés

francés

el árabe

árabe

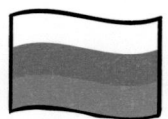

el ruso

ruso

el portugués

portugués

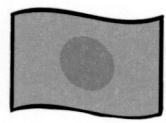

el bengalí

bengalí

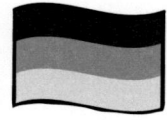

el alemán

alemán

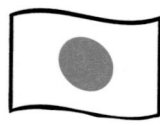

el japonés

japonés

yo
yo

tú
vos

él / ella
él / ella

nosotros
nosotros

vosotros
ustedes

ellos
ellos

¿quién?
¿quién?

¿qué?
¿qué?

¿cómo?
¿cómo?

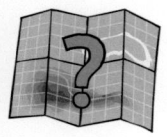

¿dónde?
¿dónde?

¿cuándo?
¿cuándo?

el nombre
nombre

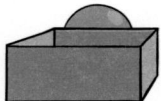

detrás

detrás

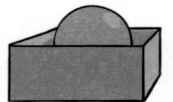

en

en

delante de

adelante de

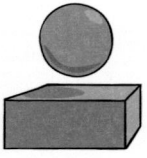

por encima de

por encima de

sobre

sobre

debajo de

debajo de

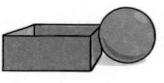

junto a

al lado de

entre

entre

el lugar

lugar